Karl-Egon Vester gewidmet

Hella Berent. lavori romani

herausgegeben von Ulrich Dörrie und Holger Priess

DÖRRIE * PRIESS GALERIE
Admiralitätstraße 71/72
D-2000 Hamburg 11
Telefon 040/36 41 31

erschienen im Verlag Michael Kellner, Hamburg 1988
ISBN 3-922035-74-4

Auflage 800 Exemplare
Reprofotografie Sergio Pucci, Rom, Rosella Gori, Rom, Helge Mundt, Hamburg
Ahrons Druck GmbH, Hamburg

© Hella Berent und Dörrie * Priess Galerie

Wir danken Michael Berent, Achim und Gabriella Forberg-Schneider, Renate Krantz,
Michael Nesselhauff, Ursula Panhans-Bühler, Ivana Poanessa-Friedrich, Cinzia Piccioni,
Kurt Reisenauer, Susanna Sartarelli, Christian Scheidemann, Dirk Schultheis,
der Deutschen Bank Hamburg und der Firma red line Köln-Flughafen für die freundliche Unterstützung.

HELLA BERENT

lavori romani

DÖRRIE ⋆ PRIESS GALERIE

Hamburg 1988

Rom März 1988, 375 x 150 cm

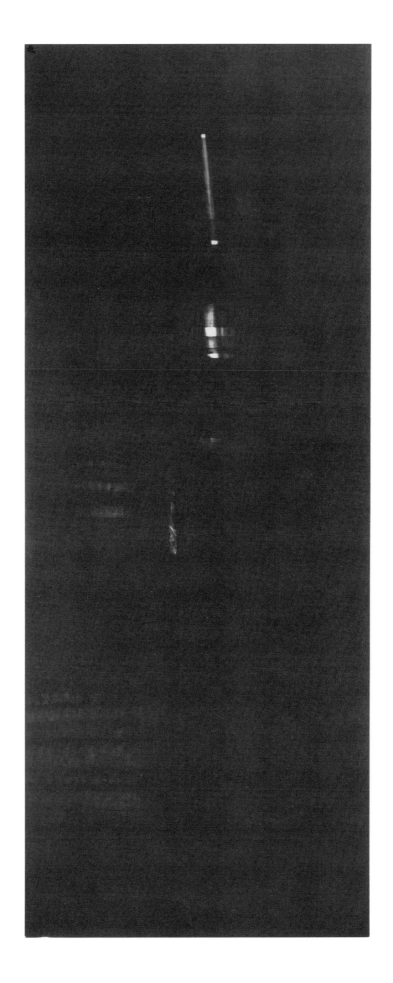

Rom März 1988, 375 x 150 cm

Rom Februar 1988, 375 x 150 cm

Rom April 1988, 375 x 150 cm

Rom 1988, 50 x 70 cm

Januar 1988, 76,5 x 57 cm

maggio Roma 1988, 50 x 70 cm

frei nach Wal, Rom Mai 1988, 57 x 76,5 cm

Dez. 1987 Rom, 50 x 70 cm

Rom 1988, 50 x 70 cm

Rom Mai 1988, 57 x 76,5 cm

Januar Rom 1988, 57 x 76,5 cm

A N T I Q U A R I U M

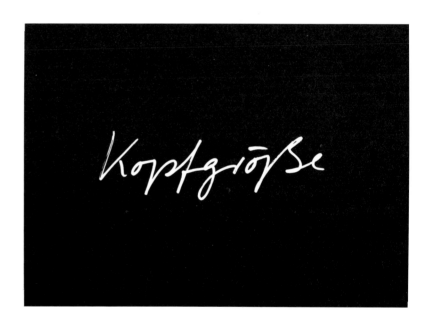

Rom 1988, 50 x 70 cm

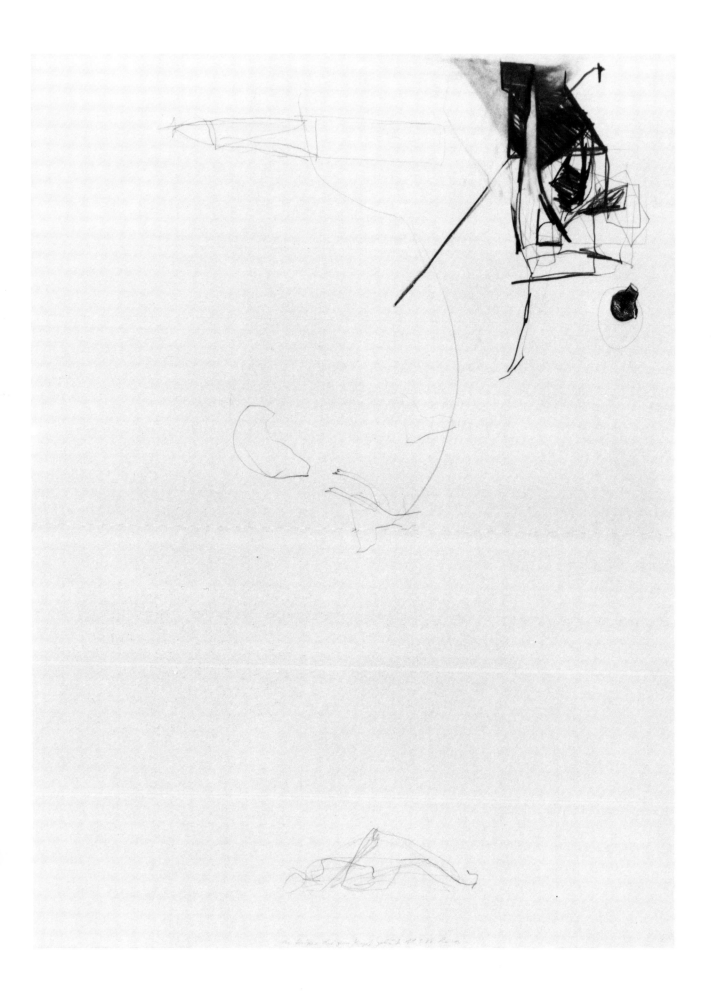

der Körper, der zum Kopf gehört 11.5.88 Roma, 76,5 x 57 cm

Jan. 1988 Rom, 57 x 76,5 cm

Ausgangs ist ein Naschen und häßliche Kratzer bezeugen.
Deutsche Gegenwart als Geschichtsbuch gedacht und die Lieblichkeit.
                    Da wachsen Eisenstränge von Jugend an auf
in meinem Körper also ist meine Handschrift.
Der Eid. Man muß sich durch das Laub jedes Blattes wühlen
dann wird man Ampelphasen richtig finden.
Zu zerbrechlich ist der Zusammenhalt unserer Zeit
weil auf miesen, moralischen Bauklötzen völlig Ungelenke
den permanenten geschichtslosen Seilfax proben
der Nachwelt zu Leibe.
Schubladen im Format eines Dummschädels und ständig
andere Farben auswählen.
Alle Mühe gab sich der Zeichner auch wirklich den
Winkel des Schattenfalls zu treffen.
Später sind Stücke herausgebrochen.
Über Nacht gealtert wenn die Sonne nichts sieht.
Ihr werdet auch noch Eure eigene Schuld verlieren und fassungslos
mitansehen daß ich diese Räume markiere und somit umgehe.
Lunge und Nasenlöcher als Saugapparat.
Und mir bleibt nichts.
Den verträumten Schlafschleim aus den Augenwinkeln wischen.
Das Lot träfe in jeder beliebigen Katakombe
höchstens Gesäßknochen.
Da ist das Schwarz. Das ist die Helle.
Laßt Euch nicht täuschen.
Einmal schiebe ich die Lampe ganz in den Raum.
Morgen nehme ich sie mit auf Reisen.
Römische Kaffeehausmaschinen aus denen buntes Eis tropft
zur Erneuerung alter Fresken.
Trachtentaten. Verdammt zur Erinnerung.
Wer schwört auf das Detail das seine Güte später mißbrauchen läßt.
Über Euren Schultern zeichnet sich heimlich ein Bild.
Vielbestaunt wird es sich unbemerkt doppelt belichten.
Ein Zimmer hat viele Räume.
Beim Vermessen ergab sich daß das Haus schiefgebaut ist.
Fäden an denen sich ein Gehirn orientiert.
Standort auf daß man später zurückkomme.
Zwischen den Zeilen die Abstände entfernen und dann neu berechnen.
Gedanken lesen während jemand hinter den Bildern saubermacht.
Das Zwischen den Bildern ergibt schon wieder ein Bild.
Das nennt man entdecken während ich eigentlich längst schlafen sollte.
Ungehorsam. Statt sich in die Finger zu schneiden.
Beides trifft zu.
Sich in der Welt vermessen.

Jo Schultheis

30.6.88 ZIEH HARMONIA I Roma, 100 x 70 cm

4.7.88 ZIEH HARMONICA II Roma, 100 x 70 cm

ARMONIA III luglio Roma 1988, 100 x 70 cm

ARRIVALS Roma 8.7.88, 100 x 70 cm

Rom März April 1988, je 370 x 114 cm

HELLA BERENT

1948	in Thedinghausen geboren
1968-1976	Studium an der Hochschule für Bildende Künste und der Universität Hamburg

EINZELAUSSTELLUNGEN

1980	Künstlerhaus, Hamburg
1983	Kunstforum, Städtische Galerie im Lenbachhaus, München
	Buch Handlung Welt, Hamburg
1984	Dany Keller Galerie, München
	Standpunkte, Hamburger Kunsthalle, Hamburg
1985	Oldenburger Kunstverein, Oldenburg
	weltbekannt e.V. Ulrich Dörrie, Hamburg (mit Hilka Nordhausen)
1986	Dany Keller Galerie, München
1987	Kunstraum Kunstfonds, Bonn (mit Brigitta Rohrbach)
1988	Galerie Manfred Rieker, Heilbronn
	Dörrie * Priess Galerie, Hamburg

GRUPPENAUSSTELLUNGEN (Auswahl)

1979	Forum Junger Kunst, Baden-Württembergischer Kunstverein, Stuttgart
1980	Alles Schwindel, Hamburg
1981	Hamburger Kunstwochen, Kunstverein in Hamburg
	Dimension 81, Kunstverein, München, Berlinische Galerie, Berlin und Kunstmuseum, Düsseldorf
	Forum Junger Kunst, Kunstverein, Wolfsburg
	ars viva – Skulpturen und Installationen, Kunsthalle, Bielefeld
1982	Stipendiatenausstellung, Kunsthaus, Hamburg
	Dorn im Auge, Hamburg
1983	Zeichner in Hamburg, Interversa und Hamburger Kunsthalle, Hamburg
	Forum Junger Kunst, Baden-Württembergischer Kunstverein, Stuttgart
1984	1948–1984, Galerie Die Wand, Hamburg
	Kunstlandschaft Bundesrepublik, Kunstverein für die Rheinlande und Westfalen, Düsseldorf
	Zeichnungen, Dany Keller Galerie, München
1985	Yellow, Stollwerck, Köln
	Tiempo Circular, Foro de arte Contemporáneo, Mexico-City
	Köpfe, Dany Keller Galerie, München
1986	8 in Köln, Kölnischer Kunstverein, Köln
1987	Neue Kunst in Hamburg, Kampnagel K 3, Hamburg
	Memoria, Kubus, Hannover
	Medien Mafia, Düsseldorf-Hafen
	Villa Massimo, Mathildenhöhe, Darmstadt
1988	Kunst für Europa, Europäische Gemeinschaft, Brüssel
	Quasar, Galerie Ha.Jo.Müller, Köln

Die Arbeiten sind mit Graphit oder Pastellkreide auf Karton gezeichnet.
Die Fotos entstanden im Rom, Paestum und Velia.

NATURGEMÄSSER VORSPRUNG